So einfach spielst du bambinoLÜK:
Öffne das bambinoLÜK-Lösungsgerät und lege es auf dein aufgeschlagenes bambinoLÜK-Heft. Lege die sechs Plättchen mit den Symbolen nach oben auf die Aufgaben mit den gleichen Symbolen, also das Plättchen mit dem roten Symbol Haus auf die Aufgabe mit dem roten Symbol Haus oben links in der Ecke. Wenn die Plättchen auf den Aufgaben liegen, nimmst du das Plättchen mit dem Symbol Haus und siehst dir die Aufgabe an, auf der das Plättchen lag. Welches Bild auf der unteren Seite passt wohl dazu? Lege das Plättchen auf dieses passende Bild. Mach es ebenso mit den anderen fünf Plättchen und Aufgaben. Schließe dann das bambinoLÜK-Lösungsgerät und drehe es nach oben um. Jetzt siehst du das bei der Übung abgebildete Lösungsmuster. Alles richtig?
Dann jetzt viel Spaß!

Die Spielanleitung

FSC MIX Papier FSC® C009717

Autorin: Wibke Bierwald; Illustrationen: Natascha Römer
Druck und Verarbeitung: westermann druck GmbH, Braunschweig
ISBN 978-3-07-247931-8

1 Ordne zu!

2 Finde dieselben Sterne!

3 Finde die gleiche Anzahl an Regenbögen!

4 Wie viele Einhörner sind es?

5 Wie viele Blüten siehst du?

6 Wie viele Schmetterlinge zählst du?

3

1	2	3
4	5	6

7 Wie viele Blaubeeren und Erdbeeren sind es?

5

3	5	4
6	4	5

8 Wie viele Kirschen zählst du?

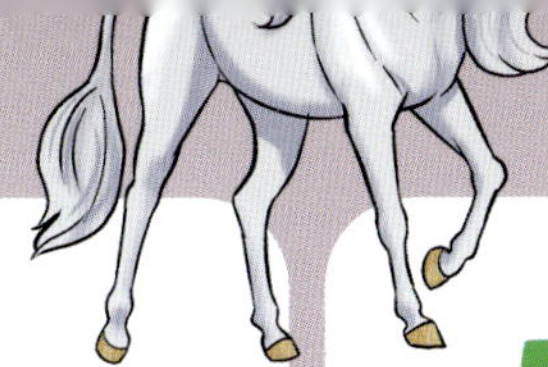

5

5	6	7
3	8	4

9 Welche Ziffer fehlt? Ergänze!

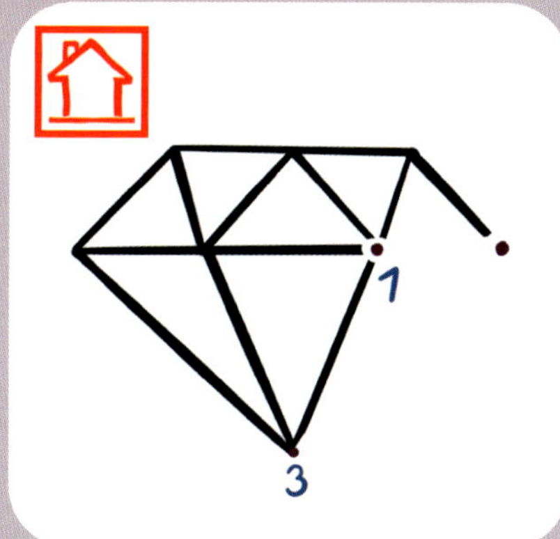

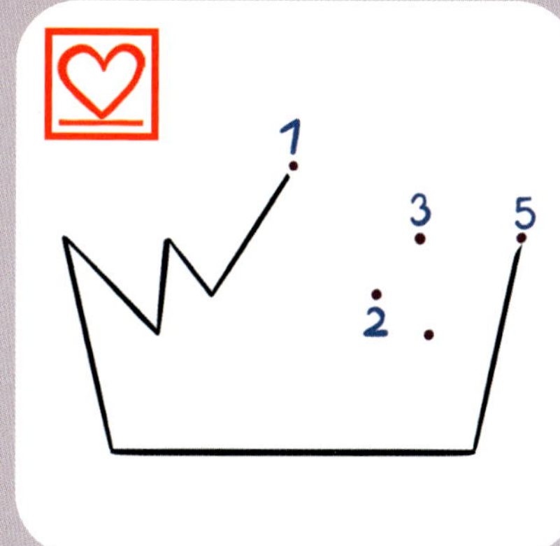

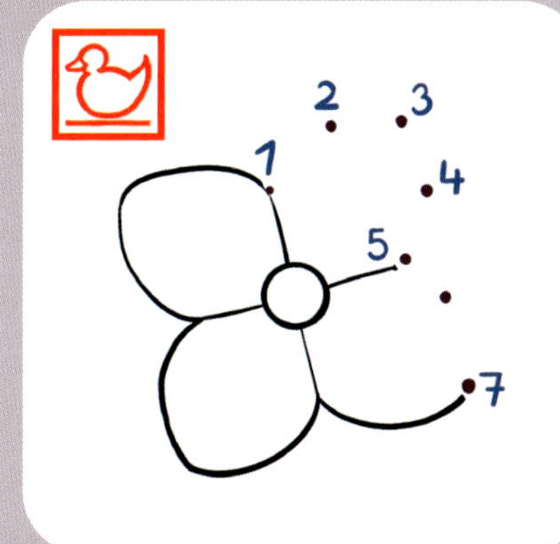

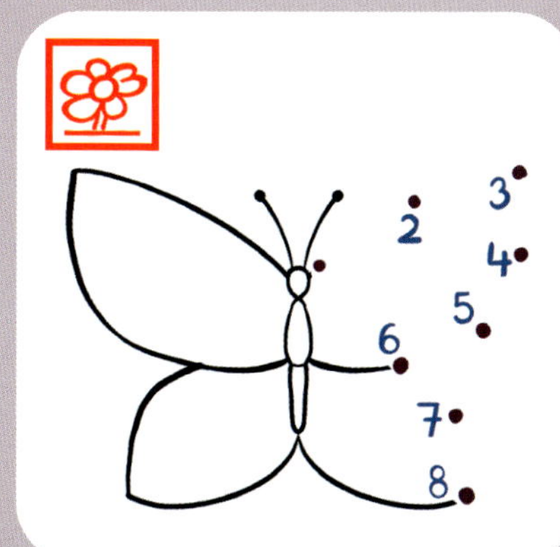

2

2	3	4
6	5	1

10 Zähle zusammen!

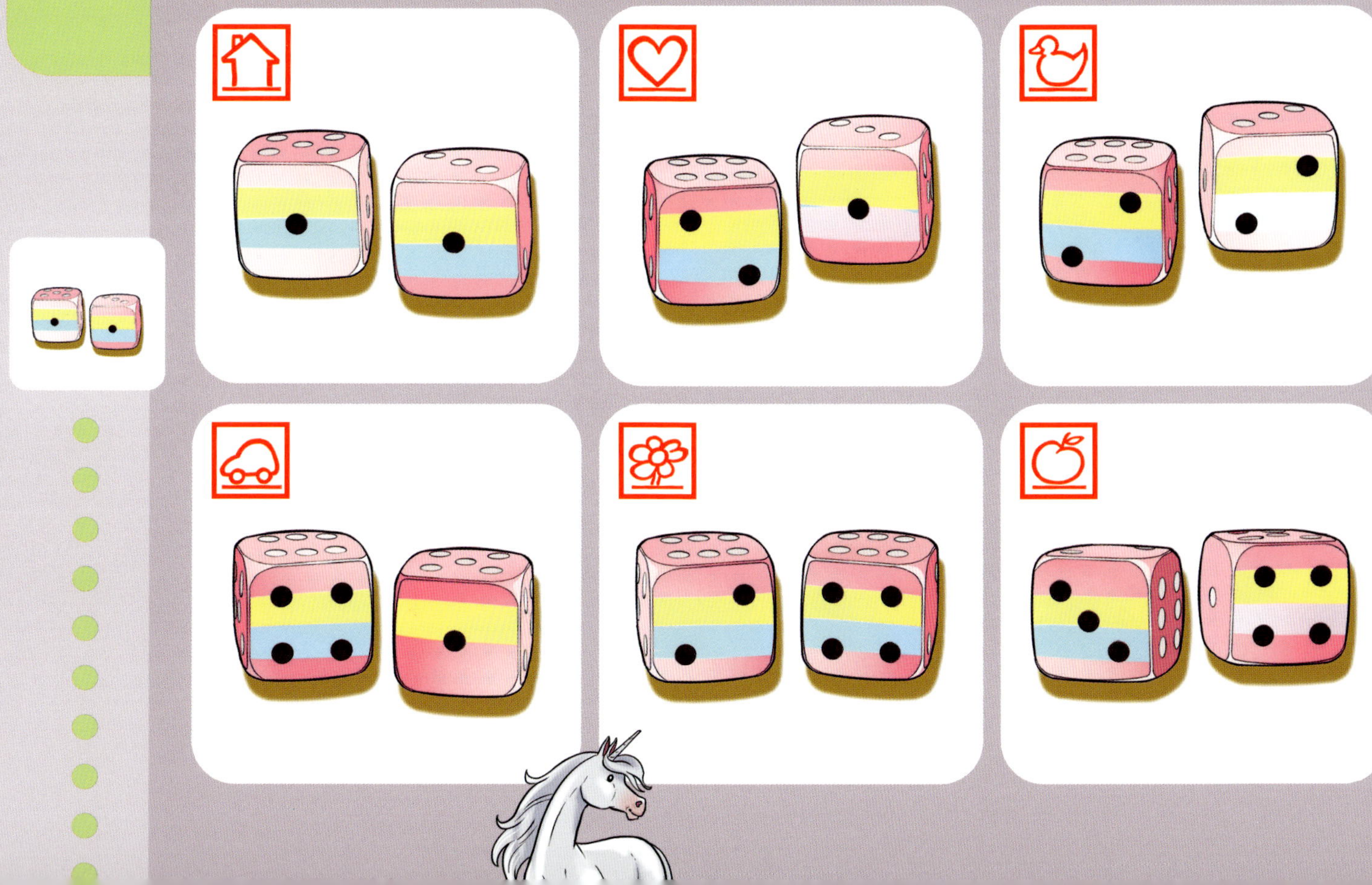

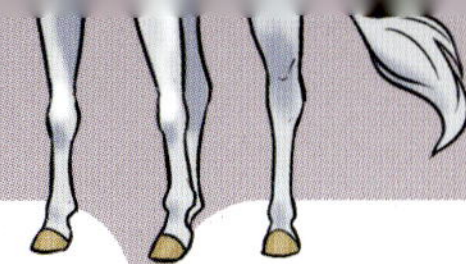

2

7	5	3
2	6	4

11 Wie viel ergibt das?

1

3	6	5
1	4	2

Inhalt